Jelena Petrovic

Bezüge zum Skeptizismus in "Kritik der reinen Vernunft" von Immanuel Kant

GRIN Verlag

GRIN - Your knowledge has value

Der GRIN Verlag publiziert seit 1998 wissenschaftliche Arbeiten von Studenten, Hochschullehrern und anderen Akademikern als eBook und gedrucktes Buch. Die Verlagswebsite www.grin.com ist die ideale Plattform zur Veröffentlichung von Hausarbeiten, Abschlussarbeiten, wissenschaftlichen Aufsätzen, Dissertationen und Fachbüchern.

Besuchen Sie uns im Internet:

http://www.grin.com/

http://www.facebook.com/grincom

http://www.twitter.com/grin_com

Institut für Philosophie der Universität Wien
Lektüreproseminar – Kant: Transzendentale Methodenlehre

Wintersemester 2015
Hausarbeit

Von der Unmöglichkeit einer skeptischen Befreidigung der mit sich selbst veruneinigten reinen Vernunft

Jelena Petrovic

Inhaltsverzeichnis

1. Einleitung..1
2. Die Philosophie der Aufklärung................................2
3. Kants Weg in der Kritik der reinen Vernunft.............2
4. Transzendentale Methodenlehre................................3
4.1. Disziplin der reinen Vernunft.................................3
5. Humes Ansicht..4
6. Kausalität..4
7. Grenzen der Vernunft..5
8. Der letzte Niederschlag für Humes Skeptizismus......6
9. Schluss..7
10. Literaturverzeichnis...8

1. Einleitung

In der nachfolgenden Arbeit werde ich versuchen, mich mit den interessanten Aufgaben zu beschäftigen:
1. die Erläuterung von Ansichten die einen bestimmten Einfluss auf die Philosophie Kants hatten und
2. mit dem Kampf von Immanuel Kant gegen den Skeptizismus

Ich setze mich auseinander mit der Frage nach der Absicht Kants, die er in seinem berühmtesten Werk „*Kritik der reinen Vernunft*" angezeigt hat.
Zwar das Hauptthema meiner Arbeit genau das Skeptizismus ist und die Behauptungen seines Vertreters, die in Kants Werk herausgearbeitet und widerlegt sind, möchte ich hiermit auch den Anreiz des Skeptizismus betonen, als ein unhintergehbares Element in den Aufbau von Kants Überlegungen. Am Anfang meiner Arbeit erwähne ich und bearbeite auch das Zeitalter in dem Kant seine Philosophie entwickelt hat. Damit möchte ich den Zusammenhang zwischen Kants historischer Position und seine Auffassungen aufmerksam machen.
Ziel dieser Arbeit ist es, nach einer kurzen Einführung in den philosophiegeschichtlichen Hintergrund und Vertiefung des Themas „*Skeptizismus*", die eine erhebliche Rolle in der „*Kritik der reinen Vernunft*" spielt, ausführlich zu bearbeiten genau wie die Behauptungen über die Unwissenheit entmutigen die Vernunft nicht (ins Besonderen Kants Vernunft), sondern wirken anreizend und wie das uns zeigt das neben den dogmatischen und skeptischen genau der Kritische Weg der beste ist.
Der Teil der „*Die Kritik der reinen Vernunft*" die „Transzendentale Methodenlehre" enthält verschiedene Formen der Disziplin der reinen Vernunft die dazu dienen, die Vernunft von den Täuschungen zurückzuhalten. Einen Teil davon, der sich mit der Unmöglichkeit einer Skeptischen Befriedigung befasst, halte ich für wesentlich und daher habe ich genau den ausgewählt, weil Kants Beschäftigung mit dem Skeptizismus im Feld von Erkenntnistheorie von großer Bedeutung für die Etablierung der Metaphysik als Wissenschaft ist.
„*Da es mir nun mit der Auflösung des Humischen Problems nicht bloß in einem besondern Falle, sondern in Absicht auf das ganze Vermögen der reinen Vernunft gelungen war: so konnte ich sichere, obgleich immer nur langsame Schritte tun, um endlich den ganzen Umfang der reinen Vernunft, in seinen Grenzen sowohl als seinem Inhalt, vollständig und nach allgemeinen Prinzipien zu bestimmen, welches denn dasjenige war, was Metaphysik bedarf, um ihr System nach einem sicheren Plan aufzuführen.*" (Prolegomena)

Kants Ansatz diesem Thema bezieht sich auf die Unterscheidung bestimmter Begriffe, die sich in Widerlegung skeptischer Behauptungen als ausschlaggebend erwiesen hat. Meine Aufmerksamkeit lenke ich an den Begriff von Kausalität, den ich als einen Kampfplatz von Humes und Kants Streit betrachte. Grenzen und Vermögen der Vernunft sowie die Art und Weise wie sie Funktioniert sind auch Teil meiner Auseinandersetzung am Ende meiner Arbeit dargestellt. Hauptsächlich werde ich versuchen aufzuklären warum die ständige Beschäftigung der reinen Vernunft mit dem Fragen die die Grenzen ihrer Vermögen überschreiten nicht zu ablehnen ist.

Die Philosophie der Aufklärung und ihr Einfluss auf Kants Werk

Das Ziel der Aufklärung war eine Reform des Denkens und der Gesellschaft. Die *„Aufklärung"* stellt das Licht dar, das auf bisherige dogmatische Überzeugungen gerichtet ist. Das heißt aber nicht, dass alle Traditionen falsch sein müssen. Die alten Traditionen sollen vernünftigerweise überprüft werden. Trotzdem ist die Aufklärung nicht rein rationalistische Bewegung, weil die Erkenntnis sich auch auf die Erfahrung stützt.
Die Aufklärung war ein Zeitalter der Kritik. Kant war zwar streng protestantisch erzogen, aber seine Philosophie war nicht eine religiöser Natur. Wenn man dem Menschen Freiheit lässt ist Aufklärung erforderlich, behauptete Kant und sagte auch dazu, dass jedem erlaubt sein muss, seine Kritik öffentlich zu üben.
Während seiner Zeit als Philosoph wird Philosophische Fakultät als untere Fakultät und nur als Geistesübung betrachtet. Vielleicht da liegt der Keim seiner Vorsätze, die Metaphysik als Teil der Philosophie die spekulativ im Vergleich mit den anderen Wissenschaften scheint.
„Habe mut, dich deines eigenen Verstandes zu bedienen" - ist ein Leitsatz der Aufklärung die für Kant *"der Ausgang des Menschen aus seiner selbstverschuldeten Unmündigkeit"* ist.
Kant hat seine Freiheit in der Kritik gefunden und ebenso seine darauf bezogene Ansichten durch seine Arbeit ausgeübt, was man in der *„Kritik der reinen Vernunft"* merken kann.
Er ist vor den Schwierigkeiten der Einführung neuen Begriffe und Unterscheidungen nicht zurückgewichen und hat damit eine Revolution in der Philosophie gemacht.

Kants Weg

In der Auseinandersetzung mit den zwei entgegengesetzte philosophische Strömungen des 18. Jahrhunderts führt Kant neue Begriffe ein, die seinen Ansatz vereinfachen werden und eine Wende in üblichen Betrachtungsweisen von Urteilen dargestellen werden. Auf diese Weise schlägt er eine Lösung vor, auf die Frage nach dem Erkenntnisprozess.
Grundthesen des Empirismus beziehen sich auf die Begriffe von *a priori* und *a posteriori,* nämlich dass es zwei Arten von Wahrheiten gibt: apriorische Wahrheiten der Vernunft, die analytisch sind und empirische Tatsachenwahrheiten die synthetisch sind.
Alle Ideen oder Vorstellungen werden durch sinnliche Erfahrung erworben, so dass es keine angeborenen (apriorischen) Ideen oder Vorstellungen geben kann. Alle wahren Urteile über die Welt gehen einzig auf die Erfahrung zurück. Auf der anderen Seite steht Rationalismus, wessen Auffassungen dem Empirismus entgegengesetzt ist. Nach Rationalismus ist das Wissen von der Welt immer durch Ideen oder Vorstellungen vermittelt, die der Welt entsprechen und nicht alle Ideen oder Vorstellungen werden durch sinnliche Erfahrung erworben; es gibt angeborene, apriorische Ideen oder Vorstellungen, die ein notwendiges Wissen über die Welt repräsentieren. Die Vertreter beider Richtungen haben die Forschung der reinen Vernunftsbegriffe einfach als sinnlos und unnützlich angenommen und daher war ihnen nur wichtig, an denen sich bedienen zu können.

„Allein es herrscht in dem, was er von dieser Art der Erkenntnis sagt, so wenig Bestimmtes und auf Regeln Gebrachtes, dass man sich nicht wundern darf, wenn niemand, sonderlich nicht einmal Hume, Anlass daher genommen hat, über Sätze dieser Art Betrachtungen anzustellen." (Prolegomena)
Die synthetische Urteile a priori sind eingeführt zwecks einer Grundlegung des Beweises der Möglichkeit der reine Mathematik und reine Naturwissenschaft, was später begründet warum die Metaphysik durch Kritik als eine Wissenschaft betrachtet werden kann.

Zwischen dem Dogmatismus und Skeptizismus baut Kant einen Mittelweg den man nach Prinzipien genau bestimmen kann. Dieser Mittelweg ist keine goldene Mitte zwischen diesen zwei entgegengesetzten Seiten, sondern ein neuer Weg.

Transzendentale Methodenlehre

Der zweite Teil der Kritik der reinen Vernunft befasst sich mit den Methoden der Erkenntnis a priori. Seine Aufgabe ist, die formalen Bedingungen des vollständigen Systems der reinen Vernunft zu präsentieren, bzw. den Plan zu vorstellen, in dem das vorhandene Material, das aus den im ersten Teil gezeigten Elementen versammelt ist, eine Gebäude dieses Systems baut.

Meine Aufmerksamkeit lenke ich an den polemischen Gebrauch der reinen Vernunft, das eine Verteidigung gegen dogmatische Leugnung seiner Ansichten darstellt. Wenn Materialismus und Atheismus die Möglichkeit der Existenz der Seele und Gott zu verzichten versuchen, hat der Kant seinen Recht in Anspruch genommen, genau zu zeigen dass das nicht gerechtfertigt ist. Bezüglich der negativen Natur der Polemik im Bereich der reinen Vernunft (Kant sagt ausdrücklich, dass die Polemik in die richtige positive Art und Weise in diesem Bereich, nicht existieren kann) betont er ausdrücklich die Notwendigkeit einer vollständigen Freiheit des Denkens.

Im weiteren Verlauf verurteilt er das Skeptizismus als eine unerlaubte Neutralität im Denken und er kritisiert besonders Humes Skeptizismus.

Disziplin der reinen Vernunft

Unter dem Begriff *„Disziplin der reinen Vernunft"* versteht Kant, eigentlich, eine Klemme die unsere Vernunft verhindert wenn sie von der Regeln abzuweichen tendiert. Der Abschnitt über die Disziplin teilt Kant weiter in vier Unterabschnitte: die Disziplin der reinen Vernunft in seinem empirischen Gebrauch, in seinem polemischen Gebrauch, Disziplin in Ansehung der Hypothesen und Disziplin in Ansehung der Beweise.

In diesem Bereich der transzendentale Methodenlehre enthüllt sich, unter allem, die Absicht, die Philosophie in einem anderen Licht darzustellen, da es bisher gedacht wird, dass die Philosophie sich nur mit den negativen Aspekt von der Verwendung der Vernunft befasst.
„Man nennt den Zwang, wodurch der beständige Hang, von gewissen Regeln abzuweichen, eingeschränkt und endlich vertilgt wird, die Disziplin." (KrV, S.469)
Die Disziplin soll helfen, Irrtümer zu vermeiden, die aus unangemessenen Methoden entspringen.

Humes Ansicht

David Hume (1632-1704)ist der bedeutendste Philosoph der englischen Aufklärung und der Hauptvertreter des englischen Empirismus. In seinem Werk *„Eine Untersuchung über den menschlichen Verstand"* (1748) hat er seine Auffassung über die Kausalität, Skeptizismus, Freiheit usw. dargestellt.
Er lehnt die Auffassung ab die Vorstellung, dass es aus der Vernunft gewonnene ursächliche Erkenntnis gibt. Nach Hume lassen sich die Ideen oder Gedanken auf innere und äußere Sinneseindrücke zurückführen. Wie Hume ausführt, lässt sich das Kausalitätsprinzip nicht aus objektiven Gegebenheiten herleiten, sonder allein aus der menschlichen Gewohnheit.

Kausalität

Das Gesetz der Kausalität ist ein Beweis der Möglichkeit der Erfahrung. Wenn alles ein bloßer Zufall wäre, könnten wir keine Handlungsfolge abschätzen. Kausalität ist und gilt innerhalb dem Feld möglicher Erfahrung. Diese mögliche Erfahrung begrenzt sich nicht selbst. Man kann es so vorstellen:
„Die Tatsache, dass q, erklärt sich aus die Tatsache, dass p."(Peter Strawson, Analyse und Metaphysik,*1992. S.147)*
Kant sprich über Humes Auseinandersetzung mit dem Fragen nach dem Grundsätzen der Kausalität, woraus er geschlossen hat, nämlich, dass die Wahrheit die er gefunden hat, sich in keiner Hinsicht auf das Erkenntnis a priori stützt. Die Kritik des Kausalbegriffs die Hume verfasst hat die Verneinung der Metaphysik impliziert.
[1]Hume dient sich mit der Übertragungen von Begriffsgebrauch. Er verwendet mechanische Transaktionen die sich auf die Macht und Kraft beziehen (stoßen, ziehen, niederschlagen) als Beispiele für Handlungen und natürliche Beziehungen. Es könnte als eine Art von antropomorphes Projektionselement betrachtet werden.

---

1 Ich möchte die Auffassung von Peter Strawson einführen, damit ich noch eine Ansatz zum Thema Kausalität anbieten kann. Da die Kausalität ein komplexes Thema in die Erkenntnistheorie überhaupt ist, finde ich wichtig die beide Ansichten mit einem dritten zu vergleichen. Obgleich schon viel zu diesem Thema in der Philosophie gesagt worden ist, habe ich den Standpunkt von Strawson gewählt, weil ich persönlich damit zustimme.

Der Konflikt zwischen Hume und Kant ist in dem Buch „Analyse und Metaphysik: Eine Einführung in die Philosophie" von Peter Strawson herausgearbeitet : „....*wir zwar durchaus eine Menge über die Funktionsweise der Kausalität in der Welt durch Beobachtung regelhafter Abfolgen lernen, aber nur deshalb, weil der allgemeine Begriff kausaler Wirksamkeit, kausaler Reaktion und höchst verschiedenartig erzeugter Wirkungen uns schon innewohnt, bereits einem weiten Begriffsbereich von Dingen, Qualitäten, Handlungen und Reaktionen inbegriffen ist, der zum Grundstock von Beobachtungsbegriffen gehört."* (Peter Strawson, Analyse und Metaphysik, 1992. S.165)
Damit gibt Strawson Kant recht, nämlich, dass wir unsere Erfassungen von kausale Wirkungen in der Natur nicht aufgrund einer Gewohnheit oder eines Assoziationsprozesses haben, sondern befinden sich die Art und Weise wie wir die Ursache und Wirkung verbinden schon in unsere Vernunft bevor die Erfahrung überhaupt stattfindet.
Eine Zusammenfassung von Kants Ansicht der Kausalität hat uns auch Rudolf Eisler dargestellt:
„Die Kausalität ist die Ordnung des anschaulich Gegebenen nach einem Einheitsprinzip des Denkens, eine Anwendung der Denkrelation: Grund und Folge, Bedingung und Bedingtes auf das Anschauungsmaterial. Nur, wo ein solches gegeben ist, ist die Kausalität ein Erkenntnisfaktor; nur Erscheinungen lassen sich also mittelst des Kausalitätsbegriffs erkennen, nicht die Dinge an sich. Von den letzteren kann die Kausalität nur per analogiam ausgesagt werden oder in einem anderen Sinne, im Sinne einer "intelligiblen" Kausalität."
(Rudolf Eisler, Kant-Lexikon, 1930)
Bezüglich der Kausalität, führt Kant zur Veranschaulichung einen Beispiel auf.
„Dass das Sonnenlicht, welches das Wachs beleuchtet, es zugleich schmelze" (KrV, S. 502)
Wir merken das ausschließlich mit Hilfe der Erfahrung. Aber, in Bezug auf mögliche Erfahrung, können wir a priori das Gesetz der Verknüpfung erkennen. Ferner betont er dass Hume die mögliche Erfahrung mit der wirklichen Erfahrung verwechselt hat.
Die mögliche Erfahrung ist a priori und macht objektive Realität aus. Die wirkliche Erfahrung ist a posteriori, also empirisch.
Das ist noch ein Unterschied den Hume übersehen hat.
Im weiteren Verlauf merkt Kant an, dass Hume damit keine Notwendigkeit umfasst, was eine Voraussetzung ist, das seine These eine bestimmte Gewissheit erhält. Solche Zensur, eigentlich, weist auf den Zweifel hin, und leugnet alle Möglichkeiten von transzendenten Gebrauch der Grundsätze an.

Grenzen der Vernunft

Kant ist ein Naturphilosoph. Er will keine Wissenschaft von Dingen an ich, sondern von objektiven Phänomenen, von der Art und Weise, wie die Wirklichkeit sich allgemeingültig darstellt und denken lässt. (vgl. Naturphilosophie)
Ihm ist nicht genug sich mit dem Begriffen zu dienen, ohne dass er bevor sie analytisch und präzis bearbeitet hat. Er findet die Zensur unerwünscht und hält es für unannehmbar die Vermögen der Vernunft auf solche Weise zu beschränken.

Der Vorsatz, der unter allem, hinter der Kritik der reinen Vernunft steht ist die Grenze der Vernunft zu bestimmen, bzw. wie weit die reine Vernunft metaphysische Behauptungen formulieren kann.
Vernunft fragt sich und überprüft alles ständig, was, nämlich, ein Teil ihrer Natur ist. Sie stellt, aber, die Fragen, auf die sie nicht immer eine Antwort finden kann, weil das ihre Fähigkeiten überschreitet.
Die Vernunft, als das höchste Urteil fällt in Konflikt mit sich selbst, weil die Dinge als Dinge an sich genommen sind. Kant behauptet ausdrücklich dass es kein Wissen von Ding an sich gibt, sonder nur über die Dinge, also, wir erkennen nur ihre Erscheinungen. Auf die Unterscheidung von Erscheinungen und Dinge an sich hat Kant umsichtig mehrmals hingewiesen. Die Gegenstände, bzw. Erscheinungen, die unabhängig von unserer Erkenntnis objektiv in Raum und Zeit vorhanden sind.

Raum und Zeit sind unsere Anschauungsformen, nach denen die Gegenstände geformt und in denen sie so erkannt werden, also nicht nur einige Eigenschaften der Dinge werden erst in dem Erkenntnisprozess geschaffen, sondern auch die Grundstrukturen der Dinge in Raum und Zeit. Unsere von vornherein – a priori – vorhandenen Erkenntnisstrukturen wie die von Raum und Zeit haben, hat mit dem an sich Seienden nicht zu tun. Daher kann nach Kant über die Dinge an sich oder der unserer Erscheinungswelt zugrunde liegenden Realität grundsätzlich nicht ausgesagt oder erkannt werden.
Noch ausführlicher ist diese Beziehung in der „Prolegomena" beschrieben. Wie Kant anführt, Ding an sich kann weder a priori erkannt werden, noch a posteriori. Nicht a priori, weil mein Verstand schreibt den Dingen selbst keine Regel vor, die richten sich nicht nach meinen Verstand, sondern mein Verstand muss sich nach ihnen richten. Ebenso a posteriori, denn wenn mich die Erfahrungsgesetze unter denen das Dasein der Dinge steht, so sollen diese auch außer meiner Erfahrung ihnen notwendig zukommen.
Was den Unterschied zwischen Grenzen und Schränken betrifft ist das Feld in dem wir sie benutzen. In der Mathematik und Naturwissenschaft erkennt die Vernunft zwar Schränken, aber keine Grenzen. Die Schränken beziehen sich, in diesem Sinn, nur auf die, uns bekannte, Erscheinungswelt. Die Metaphysik lässt sich nur begrenzen und auf keine mögliche Weise beschränken. Wenn man die Schränken auf das Vermögen unserer Vernunft anwenden will, erweisen sich die Schränken als etwas Negatives und da liegt das Missverständnis, das die Skeptiker ausgenutzt haben. Aus einer anderen Perspektive betrachtet haben die Skeptiker, bzw. Hume selbst diese Abweichung einfach zu berücksichtigen unterlässt.
Über das Feld möglicher Erfahrung können wir nicht hinüber. Die Grenze muss, also außer Erfahrung gesetzt werden. Vor uns ist aber alles außer Erfahrung ein lehren Raum, ein Feld das Intelligibel (Gegenstände die bloß durch den Verstand vorgestellt werden können und auf die keine unserer sinnlichen Anschauungen gehen kann) ist.
Die Grenze gehört sowohl zu Sinnenwelt als auch zur Intelligible Welt und hat eine Positive Bedeutung. Obwohl wir nie erkennen können was genau außerhalb der Grenze liegt, die Grenze selbst zeigt uns dass es schon dort etwas gibt, nämlich die Dinge an sich und wir können die Verhältnis zwischen Erscheinungen in der Sinnenwelt und der Dinge an sich in Intelligible Welt erkennen. Eine Grenzbestimmung ist wichtig, weil wir mit Hilfe von ihr vermeiden, dass unsere Vernunft in eine Illusion fällt.

Der letzte Niederschlag für Humes Skeptizismus

Humes Einwürfe sind auf zufällige Tatsachen begründet. Er kennt keinen Unterschied zwischen:
- Anspruch des Verstandes
- Anmaßung der Vernunft

Zuerst werde ich etwas über den Unterschied zwischen Verstand und Vernunft schreiben. Vernunft ist gegenüber dem Verstand ein höheres Erkenntnisprinzip. Während der Verstand an die Sinneseindrücke gebunden ist, die Vernunft ist eine Fähigkeit zu räsonieren, sich selbst zu prüfen und auf die Ideen unabhängig von Erfahrung zu kommen. Verstandesbegriffen sind als immanent bezeichnet und die Vernunftbegriffen sind transzendent.

Eine reife Kritik bannt eine endlose Diskussion und macht dem Gegner die Augen auf, so dass sie ihre Vorurteile sehen können.
„und so schwamm Metaphysik obenauf, wie Schaum, doch so, dass so wie der, den man geschöpft hatte, zerging, sich sogleich ein anderer auf der Oberfläche zeigte, den immer einige begierig aufsammelten, wobei andere, anstatt in der Tiefe die Ursache dieser Erscheinung zu suchen, sich damit weise dünkten, dass sie die vergebliche Mühe der erstern belachten.
Überdrüssig also des Dogmatismus, der uns nichts lernt und zugleich des Skeptizismus, der uns gar überall nichts verspricht, auch nicht einmal den Ruhestand einer erlaubten Unwissenheit..." (Prolegomena, S. 28, 33-34/38)

Schluss

Wie funktioniert unsere Vernunft?
„Unsere Vernunft ist nicht etwa eine unbestimmbar weit ausgebreitete Ebene, deren Schränken man nur so überhaupt erkennt, sondern muss vielmehr mit einer Sphäre vergleichen werden, deren Halbmesser sich aus der Krümmung des Bogens auf ihrer Oberfläche (der Natur synthetischer Sätze a priori) finden, daraus aber auch der Inhalt und die Begrenzung derselben mit Sicherheit sich angeben lässt. Außer dieser Sphäre (Feld der Erfahrung) ist nichts für sie Objekt, ja selbst Fragen über dergleichen vermeintliche Gegenstände betreffen nur subjektive Prinzipien einer durch gängigen Bestimmung der Verhältnisse, welche unter den Verstandesbegriffen innerhalb dieser Sphäre vorkommen können." (KrV, S.500)
Die Vernunft hat eine Neigung, metaphysische Fragen zu stellen, als eine Folge der Unzufriedenheit mit der physischen Erklärungen, die sich nur auf die Sinnenwelt beziehen. Es gibt keine skeptische Verwendung der reinen Vernunft. Hume behauptete, dass wir in einer Art von unseren Urteilen außerhalb unseres Konzepts von Objekt schweifen. Diese Urteile hat Kant später als synthetische bezeichnet. Hume hat viele Menschen, darunter auch Kant, der grundlegende Studie der Vernunft angezogen. Jedoch ist der Skeptiker der Erzieher des dogmatischen Denkers um eine gesunde Kritik der Vernunft und die Vorbereitung des Geistes zu erwerben. Aber die skeptische Methode ist an sich nicht ausreichend um die Probleme des Geistes zu lösen, sondern dient immer noch als Vorübung der Vernunft. Unter allem dient sie ihn zu wecken und ihm die richtigen Werkzeuge zu verleihen.